KRAFT WERK

INNOVATION DURCH TRANSFORMATION

Herausgegeben von der trend factory marketing und veranstaltungs GmbH
Thomas Wenger und Mike Wutta

» If you really, really want something,
your actions will speak louder than words.

– Pharrell Williams

INHALT

VOR WORT

Das 1915 erbaute Kraftwerk Rottweil blickt auf eine interessante und bewegte Geschichte zurück. Einst als Stromerzeuger für die Pulverfabrik Flaiz und Duttenhofer gebaut, folgte nach einer jahrzehntelangen Blütezeit ein jahrzehntelanges Siechtum. Die stolze Architekturikone zerfiel zu einer Ruine, für die keine wirkliche Verwendung mehr bestand. Nach der Übernahme durch die Unternehmer Mike Wutta und Thomas Wenger und der schrittweisen Sanierung verwandelte sie sich dann im Laufe der Jahre zu einer inspirierenden Begegnungs- und Veranstaltungsstätte unter der Leitung ihrer Agentur trend factory.

Ohne die Unternehmerfamilie Duttenhofer, die im 19. Jahrhundert von der Idee der Pulverherstellung und den daraus resultierenden wirtschaftlichen Möglichkeiten fasziniert war, hätte es das Firmenimperium, das den Pulvermarkt über 60 Jahre dominierte, nie gegeben – und damit auch nicht das Kraftwerk.

Das Kraftwerk in Rottweil war ein entscheidender Baustein in diesem Unternehmen. Und ohne Wutta und Wenger würde es das Industrie-Monument vermutlich nicht mehr geben. Sie erweckten das abbruchreife Kraftwerk zu neuem Leben und machten es zur Basis ihrer mittlerweile europaweit agierenden Agentur. Das Kraftwerk ist heute – mehr als 100 Jahre nach der Erbauung – ein Ort mit großer Strahlkraft für Feiern, Konferenzen, Großveranstaltungen und Konzerte geworden, zu einem Kreativzentrum für neue Geschäfte an der Schnittstelle von der physischen zur digitalen Welt. Während der Corona-Pandemie zur Zwangspause verurteilt, wandelte sich das Kraftwerk zu einer Location, an dem hybride Veranstaltungen orchestriert, produziert und per Video weltweit live übertragen wurden. Ein spannender physischer Ort in der virtuellen Welt.

Kreatives Unternehmertum macht es möglich, dass gerade in herausfordernden Zeiten Chancen wahrgenommen werden und aus der Not heraus Neues entsteht. Denn Innovation ist die Basis für weiteres Wachstum. Neues fällt aber nicht vom Himmel: Es bedarf Ideenreichtum und unermüdlichem Engagement von mutigen Menschen, die Lust auf Zukunft haben. Aus dem Unmöglichen das Machbare entwickeln und so das Neue erschaffen – das Kraftwerk Rottweil ist ein in Beton gegossenes Sinnbild für dieses unternehmerische Schaffen!

Ulrich Dietz

GFT-Gründer, Unternehmer und langjähriger Freund der trend factory

HISTORIE

Max Duttenhofer, Erfinder & Unternehmer (1843–1903)

Paul M. N. Bonatz, Architekt (1877–1956)

Das Kraftwerk um 1920

Dr. phil. Katharina Stolz, Architekturhistorikerin

Das Kraftwerk in Rottweil

Tief im idyllischen Neckartal, in der grünen Natur einer Muschelkalklandschaft, liegt das Kraftwerk der alten Pulverfabrik Rottweil als Zeuge einer längst vergangenen Zeit. Innerhalb nur eines Jahres, von 1915 bis 1916, wurde das Industriegebäude nach Plänen des Architekten und Hochschulprofessors Paul Bonatz (1877–1956) erbaut. Das Kraftwerk entstand in der Hochphase der Produktivität der Pulverfabrik während des Ersten Weltkriegs und gehört damit zu den wenigen noch erhaltenen Gebäuden des Standorts, die in ihrer Mehrzahl zwischen den Jahren 1907 und 1916 auf dem Gelände gebaut worden sind.[1]

Die Geschichte des Standorts in Rottweil als Industriegelände reicht weit zurück. Kaum eine andere Stätte weist eine ähnlich ununterbrochen lange Geschichte auf, wie die der Rottweiler Pulverfabrik. Erstmals namentlich erwähnt wird die Rottweiler Pulvermühle im Jahr 1564.[2] Von einer Nutzung des Standortes zur Herstellung von Schwarzpulver ist jedoch bereits ab dem ausgehenden 14. Jahrhundert auszugehen.[3]
Dies lag nicht zuletzt an der vorteilhaften Topografie des Geländes, allem voran an der unmittelbaren Nähe zum Neckar, dessen Wasserkraft einen natürlichen Antrieb für die Pulvermühle bot, und an der abgeschiedenen Lage, die das Gelände vor neugierigen Blicken schützte und dennoch ausreichend Platz für bauliche Erweiterungen bot. Die eigentliche Entwicklung des Standorts vollzog sich jedoch erst ab dem frühen 19. Jahrhundert, als Ergebnis der industriellen Revolution, nachdem in England das maschinelle Zeitalter mit der Entwicklung der ersten funktionsfähigen Dampfmaschine im 18. Jahrhundert begonnen hatte.[4] Genau in dieser Zeit der frühen Phase der Industrialisierung, im Jahr 1853, erwarb der Apotheker Wilhelm Heinrich Duttenhofer (1800–1854) Anteile der unteren Pulvermühle und wurde somit Teilhaber des Unternehmers Franz Xaver Flaiz (1814–1870).[5]

Arbeiter der Pulverfabrik 1925

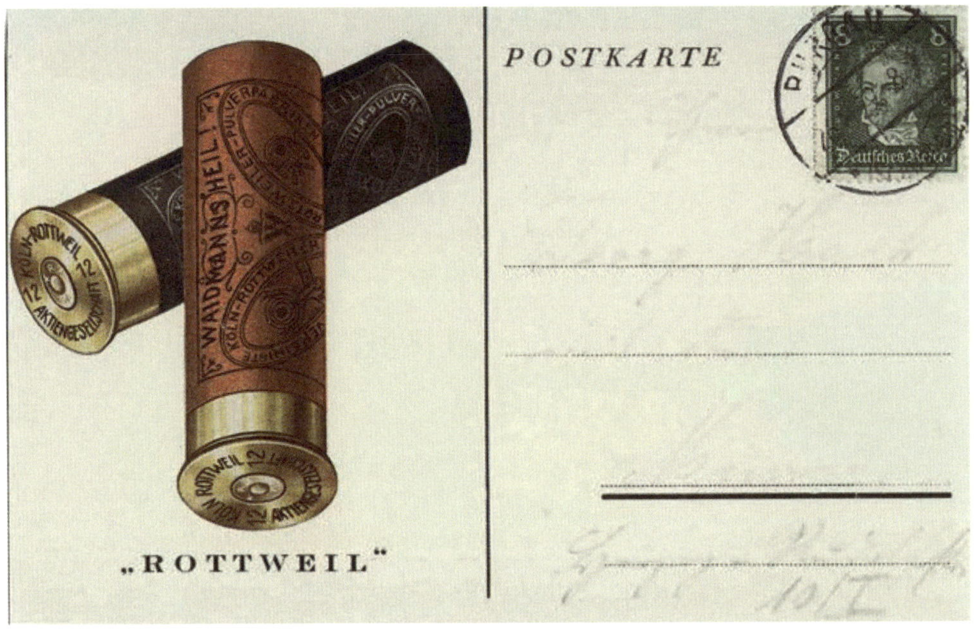

Ein Produkt aus dem Neckertal, die Jagdpatrone „Waidmannsheil"
– das schwarze Gold vom Erfinder des rauchlosen Schießpulvers, Max Duttenhofer

Hierdurch wurde der Grundstein für den Aufstieg der Duttenhofers als Unternehmerfamilie gelegt. Bereits drei Jahre später, im Jahr 1856, war die Firma „Flaiz und Duttenhofer" die größte Pulverfabrik in Württemberg. Ein weiteres Jahr später, im Jahr 1857, kaufte die Witwe des 1854 verstorbenen Wilhelm Heinrich Duttenhofer, Thessaline (1808–1889), eine zweite Pulvermühle in Rottweil.[6] Durch die Stilllegung dieses Konkurrenzbetriebes ebnete sie den Weg für ihren Sohn Max, der zu einem der erfolgreichsten Gründerzeitunternehmer Deutschlands aufsteigen sollte. Max Duttenhofer (1843–1903) hatte sich nach absolvierter Apothekerlehre für ein Studium im Fach Chemie am Polytechnikum in Stuttgart entschieden und trat 1863 in die sich seit 1862 im alleinigen Besitz seiner Mutter Thessaline Duttenhofer befindlichen Pulverfabrik ein.[7] 1866 heiratete er mit Anna Flaiz die Tochter des ehemaligen Teilhabers seiner Eltern,[8] womit das Firmenimperium, das über 60 Jahre lang den Pulvermarkt weltweit mitbestimmen sollte, seinen Anfang nahm.

Seit der industriellen Revolution war die Nachfrage nach Schwarzpulver nicht zuletzt durch die Erweiterung des Eisenbahnschienennetzes und besonders durch die Rüstungsindustrie massiv gestiegen. Besonders in den Kriegsjahren 1864 (Deutsch-Dänischer Krieg) und 1866 (Preußisch-Österreichischer Krieg) verzeichnete die Pulverfabrik Duttenhofer steigende Umsätze.[9] Bereits zu diesem Zeitpunkt gehörte das Unternehmen zum Zentrum der Rüstungsindustrie im süddeutschen Raum: Pulver aus der Duttenhoferschen Fabrik in Rottweil, Patronen aus der Metallpatronenfabrik von Wilhelm Lorenz (1842–1926) in Karlsruhe und Waffen der Firma Mauser der Brüder Wilhelm (1834–1882) und Peter-Paul Mauser (1838–1914) in Oberndorf.[10]

Max Duttenhofer fungierte als erster Aufsichtsratsvorsitzender der Daimler-Motoren-Gesellschaft

Norddeutschland 1884.

Pulver-Fabrik Rottweil-Hamburg.

Kriegspulver-Lieferantin der verschiedensten Staaten.

PREIS-LISTE.

Die Preise verstehen sich franco. Ziel 3 Monate oder per Comptant mit 2% Sconto. Verpackung frei.

Ein Relikt von 1884
– Preisliste der Pulverfabrik Rottweil I Hamburg

Nach dem Deutsch-Französischen Krieg 1870/71, von dem die Pulverfabrik sehr profitierte, gelang Max Duttenhofer am 1. Mai 1872 die Umwandlung seiner Firma zur Aktiengesellschaft „Pulverfabrik Rottweil", in der er selbst Vorstand, Direktor und Hauptaktionär in Personalunion wurde.[11] Da sich das Exportgeschäft von Rottweil aus nicht zu voller Zufriedenheit betreiben ließ, expandierte Duttenhofer und gründete 1876 eine Zweigfabrik in Düneburg an der Elbe auf einem Grundstück, das er von Otto von Bismarck zur Verfügung gestellt bekam, woraufhin der Name seiner Firma in „Pulverfabrik Rottweil-Hamburg" geändert wurde.[12]

1890 kam es zu einem Zusammenschluss der Rheinisch-Westfälischen Pulverfabriken mit der „Pulverfabrik Rottweil" zur „AG Vereinigte Köln-Rottweiler-Pulverfabriken", ab diesem Zeitpunkt ein Monopolist im deutschen Generalpulverkartell unter dem Aufsichtsratsvorsitz Duttenhofers.[13] Im gleichen Jahre stieg er, gemeinsam mit seinem Karlsruher Geschäftsfreund Wilhelm Lorenz als Investor und Hauptaktionär in die Daimler-Motoren-Gesellschaft ein und war schließlich an insgesamt etwa 20 deutschen Firmen beteiligt, darunter auch die Waffenfabrik Mauser und die Nobel- Dynamite-Trust-Company.[14] 1896 wurde er durch die Verleihung des württembergischen Personaladels zum Geheimen Kommerzienrat Max von Duttenhofer.[15]
Im Todesjahr Duttenhofers 1903 war in der Zeitung „Schwäbischer Merkur" zu lesen:

„Die weitaus größte Kapitalzusammenballung in den Händen württembergischer Industrieller verband sich noch vor Bosch mit dem Namen der Familie Duttenhofer in Rottweil und der raschen Expansion ihrer Pulverfabrik zum Pulverkonzern und damit zur ersten württembergischen Weltfirma."[16]

Innenleben des Kraftwerks – einer der Öfen zur Kohleverbrennung

Blick auf zwei Dampfturbinen zur Stromerzeugung

Nach seinem Tod übernahmen sein Bruder Carl Duttenhofer, der bislang ausschließlich das Werk in Düneburg geleitet hatte, und sein Sohn Dr. Max Duttenhofer die Positionen der Generaldirektoren des Pulverkonzerns.[17]
Es war also in der dritten Generation der Unternehmer-Dynastie Duttenhofer, als das Kraftwerk in Auftrag gegeben wurde. Die Zeit ab 1914 erwies sich durch den Ausbruch des Ersten Weltkriegs als Höhepunkt der Firmenentwicklung, da die Pulverfabrik zum größten privaten Rüstungsbetrieb im Deutschen Reich avancierte.[18] Durch die gesteigerte Nachfrage an Pulver expandierte Dr. Max Duttenhofer in Rottweil und gab den Bau eines neuen Kraftwerks in Auftrag, das in seinen Ausmaßen über die Kapazität der Fabrik hinausreichte und die gesamte Stadt mit Strom versorgte.[19] Mit dem Entwurf beauftragt wurde der Stuttgarter Architekt und Hochschulprofessor Paul Bonatz (1877–1956). Bonatz arbeitete zu diesem Zeitpunkt an der Überarbeitung seiner Entwürfe für den Stuttgarter Hauptbahnhof.
An Industriebauten in Deutschland haben besonders die Entwürfe der Fabrikgebäude für die AEG (Turbinenhalle und Hochspannungsfabrik u. a.) von Peter Behrens (1868–1940) in Berlin ab 1908 sowie die von Walter Gropius (1883–1969) für das Fagus-Werk in Alfeld von 1911 Berühmtheit erlangt. Durch diese Bauten wurde das Thema Industriearchitektur komplett neu interpretiert. Ebenfalls genannt werden muss in diesem Zusammenhang der Stuttgarter Architekt Philipp Jakob Manz (1861–1936), der sich bereits zu Beginn seiner Selbstständigkeit mit 28 Jahren auf den Entwurf von Industriebauten spezialisierte. Paul Bonatz' Entwurf wird in diesem Zusammenhang nicht erwähnt, vielleicht zu Unrecht, da auch er moderne Konstruktionstechniken mit traditionellen und vier modernen Gestaltungselementen gleichermaßen zu kombinieren vermochte.

Außenansicht des Kraftwerks kurz nach Fertigstellung 1916

So entwarf Bonatz das Kraftwerk auf der Basis einer Stahlskelettkonstruktion und ließ das Gebäude mit einem für 1915 ausgesprochen modern anmutenden Flachdach abschließen.

Nach Bauabschluss 1916 gliederte sich das Gebäude in insgesamt drei Bereiche, die aus jeweils unterschiedlich dimensionierten Baukörpern bestanden. Zunächst eine Generatorenhalle für die Stromgeneratoren und die Schaltzentrale, gefolgt von einem etwas höher aufragenden Kesselhaus, einem Gebäudeteil, das mit den einst 90 Meter hohen Schornsteinen in direkter Verbindung steht, und im Anschluss daran ein langgestreckter, leicht gebogener Trakt, in dem der Kohlebunker untergebracht war.[20] Besucher nähern sich dem einst vollständig symmetrisch geplanten Bau aus nördlicher Richtung und werden von der geschwungenen, zweiarmigen Freitreppe mit leicht konvex ausschwingendem Podest in Empfang genommen. Erst 1951 wurde das Gebäude auf der rechten Seite um drei Achsen erweitert, um eine neue Hochspannungsanlage unterbringen zu können,[21] was den ursprünglich vom Architekten geplanten Eindruck stark veränderte. Dennoch erweckt die Fassadengestaltung bis heute einen monumentalen und imposanten Eindruck. Bonatz gelang bei seinem Entwurf eine Verbindung zwischen Elementen moderner Industriearchitektur und Reminiszenzen an eine repräsentative Herrschaftsarchitektur.[22] Das Kraftwerk gehört damit zu den Gebäuden auf dem Areal der Pulverfabrik, das als Übergang eines frühen Industriegebäudes mit Repräsentationsanspruch und einer modernen, funktionsorientierten Industriearchitektur des 20. Jahrhunderts gesehen werden kann.

Bei Bonatz' Kraftwerk wird folglich die Funktion der optischen Gestaltung des Gebäudes noch nicht gänzlich übergeordnet.

Neue Turbinen im Jahr 1951

Regler zur Wasserreinigung im Jahr 1951

Für die Gestaltung der Fassade griff Bonatz auf sehr unterschiedliche Vorbilder zurück. So kam am Kraftwerk eine Lisenenstruktur als Gestaltungselement zum Einsatz, das Bonatz ursprünglich für den Stuttgarter Hauptbahnhof vorgesehen hatte, dort letztlich aber nur an der Fassade des Schlossgartenflügels verwendete. Inspiriert worden ist Bonatz zu dieser Struktur durch die 1912 veröffentlichten Rekonstruktionszeichnungen der Grabungsergebnisse des Archäologen Robert Koldewey, der von 1898 bis 1902 die Mauern Babylons sowie das Ischtar-Tor entdeckt hatte.[23] Diese Rekonstruktionszeichnungen zeigen Großbauten, die eine Fassadenstruktur mit negativen Lisenen aufweisen, ähnlich denen, die Bonatz zunächst für Stuttgart geplant hatte, dann aber am Kraftwerk in Rottweil umsetzte.[24] Insbesondere die von Koldewey gezeichnete lange Stadtmauer weist die Lisenenstruktur auf.[25] Auch eine Reise nach Ägypten, die Bonatz 1913 unternahm, inspirierte ihn zu dieser Fassadenstruktur. In seinen erhaltenen Reiseskizzen ist besonders häufig die Sultan-Hassan-Moschee in Kairo aus dem 14. Jahrhundert festgehalten, die den Architekten offensichtlich nachhaltig beeindruckte,[26] und deren Nordostfassade in Backsteinmauerwerk ebenfalls durch negative Lisenen im Wechsel mit Fensternischen gegliedert ist.[27]

Ein weiteres Vorbild könnte sich in den Industriebauten seines Stuttgarter Kollegen Philipp Jakob Manz finden lassen, der beispielsweise bei seiner Salamander-Fabrik in Kornwestheim von 1904–1909[28] eine ähnlich gerasterte Fassade verwendete: hervortretende pilasterartige Stützen im Wechsel mit zurücktretenden und mit großen Fenstern ausgestatteten Wandflächen, jedoch im Gegensatz zum Kraftwerk von Bonatz mit einer Betonung der Horizontalen. Den oberen Abschluss der Fassade des Bonatzschen Industriebaus bildet ein an Kapitelle erinnernder flacher Sims oberhalb der Lisenen, der über den langgestreckten, vertikal ausgerichteten Fensternischen in ein

Die Kunstseide-Produktion im Neckartal löste das schwarze Gold ab

Rundbogengesims übergeht und so im Wechsel eine zinnenartige Struktur bildet. [29] Im Laufe der Jahre wurde das Kraftwerk kontinuierlich verändert und in seiner Struktur an die wirtschaftlichen und technischen Entwicklungen angepasst.[30] Nach dem Ersten Weltkrieg wurde – zumindest vorübergehend – von Kriegs- auf Friedensproduktion umgestellt und die Produktion von Pulver beendet.[31] 1919 wurde die Firma in „Köln-Rottweil AG“ umbenannt und anstelle von Pulver wurde ab sofort die Herstellung von Kunstfasern vorangetrieben.[32] 1926 fusionierte die AG mit der IG-Farben, und Dr. Max Duttenhofer jr. schied aus dem Vorstand der Firma aus.[33]

Nach einem Rückfall in die Rüstungsproduktion ab dem Jahr 1935, bei der auch Zwangsarbeiter eingesetzt wurden, und einer wiederholten Demontage der Anlagen nach dem Zweiten Weltkrieg durch die Franzosen, wurde ab 1948 in Rottweil erneut auf Textilproduktion umgestellt, nun unter dem Namen „Rottweiler Kunstseidefabrik AG“.[34] Anfang der 1960er Jahre übernahm die Rhodia AG das gesamte Areal mitsamt seinen Bauwerken und produzierte auf einem Teilbereich der Fläche bis zur Stilllegung des Werkes in Rottweil 1994 Kunstseideprodukte.[35]

Die Betriebsstilllegung in Rottweil führte zwangsläufig zu einer Debatte über die Zukunft des Industrieareals. Bereits 1984 hatte der Denkmalschützer Bernhard Laule die in Vergessenheit geratenen Bauwerke auf dem Rottweiler Gelände wiederentdeckt und darüber in einer ersten Veröffentlichung im „Nachrichtenblatt des Landesdenkmalamtes“ publiziert. Hierin bemerkte er:
„In auffallender Weise korrespondiert die versteckte Lage im tief eingeschnittenen Neckartal nördlich von Rottweil mit dem Bekanntheitsgrad der ehemaligen Pulverfabrik in Rottweil.“[36]

Blick auf die Pulverfabrik mit kleinem Kraftwerk um 1900 – Standort des 1915 erbauten Kraftwerks

rechts: Das Kraftwerk im Dornröschenschlaf kurz vor Übernahme der trend factory – um 1995

Um dem Vergessen des Industrieareals entgegenzuwirken, wurde das Ziel ausgegeben, das Gelände zu einem zukunftsorientierten Gewerbepark „Neckartal" mit lebendiger Infrastruktur umzugestalten, wofür in den Jahren zwischen 1994 und 1997 Konzepte ausgearbeitet wurden, die sich unter anderem über Arbeiten und Wohnen, über Freizeit und Gastronomie bis hin zu Kultur und Tradition erstreckten.[37]

Eine Weiter- und Umnutzung des Areals begann, und 1998 wurde schließlich das Bonatzsche Kraftwerk von den Unternehmern Mike Wutta und Thomas Wenger gemietet, 2008 gekauft, umgebaut und zum Firmensitz und Veranstaltungsort der Eventagentur „trend factory" umgestaltet. Von der technischen Ausstattung des Kraftwerks ist nichts erhalten geblieben, dennoch wurde das Gebäude vor einem Totalabriss verschont und stattdessen denkmalverträglich umfunktioniert.

Trotz einer komplett neuen Bestimmung als Veranstaltungsort für bis zu 4.000 Besucher hat das ehemalige Industriegebäude nichts von seinem ursprünglichen Charakter und einzigartigen Charme verloren, sondern konnte auf diese Weise erhalten werden.

IMPRES SIONEN

KRAFTWERK
BRIEFKASTEN
Neckartal 68
trend factory GmbH
Kraftwerk Immobilien GmbH
Wutta – Wenger GbR
MUM e.V. Ferienzauber

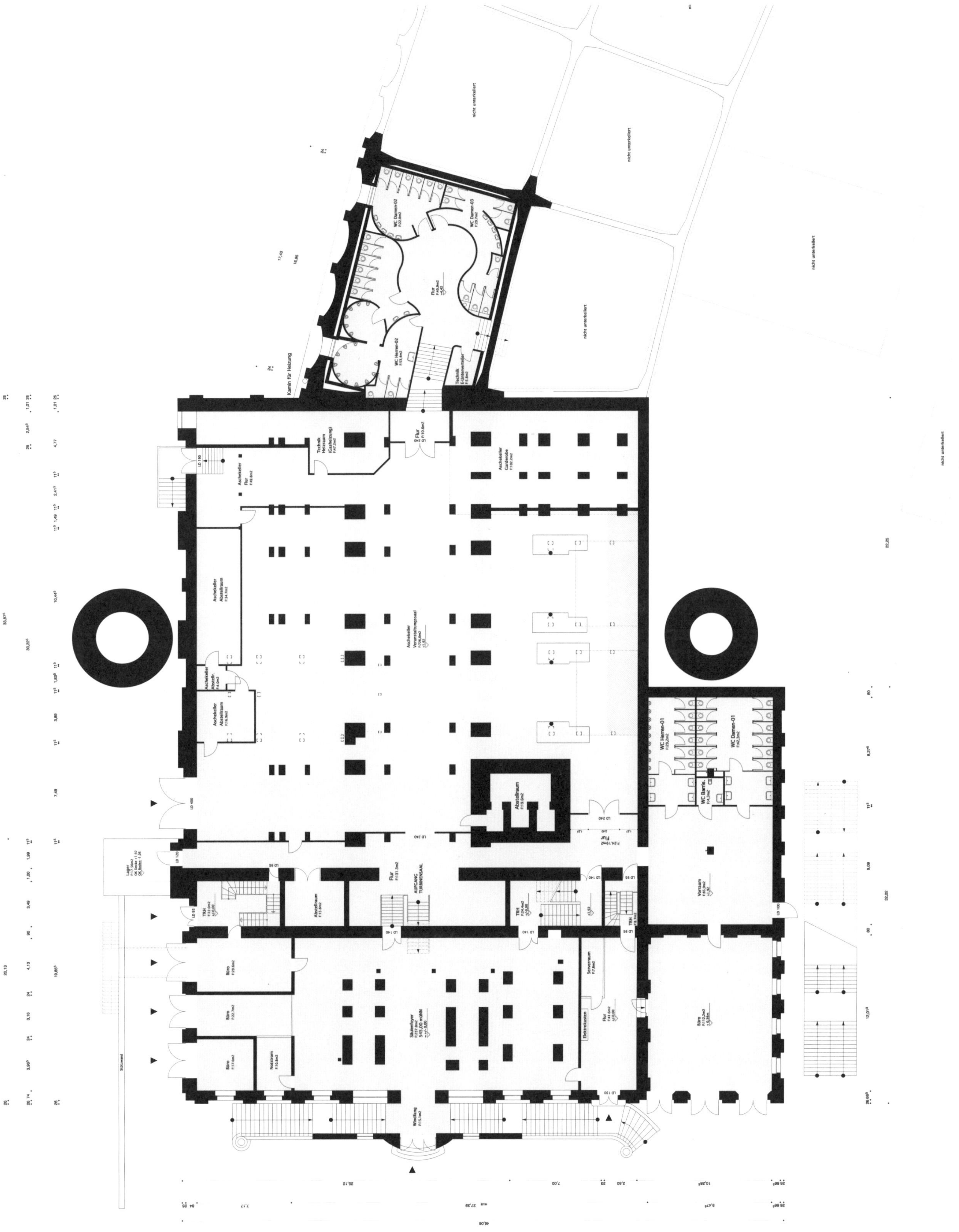

nicht unterkellert
Kamin für Heizung

504
512
503

Messung
A
A
kV
514
502
509
4

20 kV-Schaltraum
Vorsicht!

Untergruppe
Speisewasser

IM GESPRÄCH

von links nach rechts: Mike Wutta, Thomas Wenger,
Geschäftsführer der trend factory,
Ulrich Dietz, Unternehmer und Freund des Hauses

„Mut war unser wichtigster Begleiter"

Zu den Kunden von Thomas Wenger und Mike Wutta zählen die Big Player der Wirtschaft. Mit der Idee, Marken mit Live-Events emotional erlebbar und unvergesslich zu machen, setzt ihre Agentur trend factory international Maßstäbe. Die kreative Schaltzentrale der beiden befindet sich in der Kleinstadt Rottweil, die dank des Duos heute auch über eine der Top-Locations für anspruchsvolle Veranstaltungen in Deutschland verfügt: das Industriedenkmal Kraftwerk. Dabei begann die Geschichte der Gründer ganz klein: an einem Schreibtisch auf dem elterlichen Dachboden. Ein Gespräch über schwäbische Bodenständigkeit und den Mut zu träumen.

Ein Kaufmann und ein Industriemechaniker, die mit einer Eventagentur durchstarten wollen. Ohne Businessplan, ohne Kapital. Klingt eher nach Himmelfahrtskommando als nach Erfolgsstory.

Thomas Wenger: Stimmt – und es gab anfangs auch viele Zweifler. Denn unser Segment gab es bei der Gründung der trend factory 1996 in dieser Art und Weise noch gar nicht. Damals hieß ein Event noch Fest, und Firmenfeiern wurden von der Sekretärin organisiert. Unseren größten Impuls, den Schritt in die Selbstständigkeit zu wagen, bekamen wir durch den Zivildienst, welchen wir beim Rottweiler Kulturreferat ableisten durften. Dort haben wir uns kennengelernt und beim Ferienzauber – einem Sommerfestival mit Musik, Comedy und Gastronomie – erste Erfahrungen gesammelt, wie Events funktionieren. Das war ein großes Glück.

Mike Wutta: Zudem haben wir ein Kulturzentrum betreut und festgestellt, dass ein passender Raum mit dem passenden Inhalt ein gutes Geschäftsmodell sein kann. All diese Erlebnisse haben in uns ein Feuer entfacht, einzigartige Momente zu kreieren – für andere und für uns selbst. Wir waren damals Mitte zwanzig und konnten uns schlichtweg nicht mehr vorstellen, in unsere alten Berufe zurückzukehren.

Also habt ihr eure „Brotjobs" aufgegeben?

Thomas Wenger: Genau. Plötzlich saß ich mit Telefon und Computer an einem Malertisch auf dem Dachboden von Mikes Eltern und dachte: Was mache ich jetzt eigentlich? Aber seither habe ich mich keine Minute gelangweilt, und wir sind jeden Tag an Struktur, Budget und Erfahrung gewachsen.

Wie sahen eure ersten Aufträge aus?

Mike Wutta: Es gab damals ein unglaubliches Interesse an neuen, ungewöhnlichen Formaten – von der Ski-Ausfahrt mit Community-Charakter bis hin zu Partys mit Festival-Feeling. Darauf sind wir genauso schnell eingegangen wie auf aufkommende Trends wie Snowboarden und Skaten. Gleichzeitig wurden wir auch für Eröffnungen von Einzelhandelsgeschäften oder Fahrzeugpräsentationen gebucht. Schnell ging es nicht mehr nur um die Organisation, sondern auch um die Konzeption. Und immer öfter haben uns die Leute zugehört: zuerst die Einzelhändler hier vor Ort, dann die Mittelständler und bald die großen Konzerne. Wir durften uns den Markt quasi erarbeiten.

Das ist gelungen. Mittlerweile seid ihr eine der führenden Full-Service-Agenturen im Bereich der Live-Kommunikation in Deutschland – und weit übers Ländle hinaus aktiv.

Thomas Wenger: Wer hätte das damals gedacht. Einen großen Teil unseres Umsatzes erwirtschaften wir inzwischen in Berlin und dem Rest der Republik ...

... und zwar mit außergewöhnlichen Feiern, Konferenzen, Messeauftritten oder Großveranstaltungen für Auftraggeber wie die EnBW, Daimler, Telefónica, ZEISS oder die Schwarz Gruppe. Wie gewinnt man als Unternehmen aus der Provinz das Vertrauen internationaler Schwergewichte?

Mike Wutta: Indem man gut zuhört, sich aufrichtig für die Innovationen der Kunden interessiert – und sie involviert. Wir wollen keine Besserwisser sein, sondern partnerschaftlich arbeiten. Wichtig ist es uns, nie in einen Routineprozess zu kommen, bei dem jedem Kunden das gleiche Konzept übergestülpt wird – nur weil das beim letzten Mal so gut funktioniert hat. Wir versuchen, uns jede einzelne Veranstaltung zu eigen zu machen.

Wann wisst ihr: Das war richtig gut?

Thomas Wenger: Wenn wir funkelnde Augen, lachende Gesichter und Staunen sehen. Es ist unser Ziel, Erlebnisse zu schaffen, an die man sich noch in Jahren erinnert. Dann bleiben auch die Inhalte, die der Kunde durch eine solche Veranstaltung vermitteln möchte, viel, viel stärker haften. Denn das ist ja der Kern unseres Geschäfts: Wir helfen über Emotionen, die Markenbotschaft zu verstärken. Dafür braucht es einen Rahmen für eine lockere, entspannte, aber sehr zielführende Kommunikation in einem Umfeld, das Spaß macht, Orte, an denen man sich gerne aufhält. Ich glaube, das ist unsere Stärke: einen Raum für besondere Begegnungen zu kreieren.

Den habt ihr mit dem Kraftwerk geschaffen. Die einstige Industrie-Ruine ist ein begehrter Ort für Privat- und Firmenevents. Auf euren Partys mit weltbekannten DJs, wie Sven Väth feiern Tausende, und bei Konzerten stehen Stars wie Anastacia, die Fantastischen Vier, Jan Delay, Toto oder Gianna Nannini auf der Bühne.

Mike Wutta: Natürlich ist das Kraftwerk eine spannende Location und ein hervorragender Rahmen für Veranstaltungen. Aber der Raum selbst macht letztlich nicht die Veranstaltung aus. Die Frage ist: Wie inszenierst du diesen? Wie gehst du mit Atmosphäre, Architektur, Set-up um? Was ist der rote Faden? Wie sieht die Dramaturgie aus? Erst wenn alle Puzzlestücke zusammenpassen, wird aus einem leeren Raum ein Rahmen, in dem der Mensch im Mittelpunkt steht. Wenn das gelingt, löst das auch bei uns selbst noch immer Gänsehaut aus.

Dann kommt Corona. Und genau diese Begegnungen, die das Herz der trend factory sind, waren von einem auf den anderen Tag nicht mehr möglich. Konntet ihr in dieser Zeit noch schlafen?

Mike Wutta: Covid war eine Zäsur, insbesondere für die Veranstaltungsbranche. Die Machtlosigkeit fühlte sich an, als würde einem der Sand durch die Finger rinnen. Aber wir sind gewohnt, flexibel zu arbeiten – das hat uns unglaublich geholfen. Wir haben uns in den ersten sechs Wochen mit dem Team zusammengesetzt und definiert, in welche Richtung wir gehen wollen. Schon im Juli 2020 haben wir die ersten digitalen und hybriden Veranstaltungen auf die Beine gestellt. Hieraus erwuchs dann auch das hybride „trendCOM Festival". In den kommenden zwei Jahren konnten wir gemeinsam mit unseren Kunden und Partnern hybride und rein digitale Events auf ein anderes Niveau heben. So gesehen war die Pandemie für uns eine wahnsinnig wichtige Erfahrung, die uns gezeigt hat: Egal was passiert, mit der richtigen Einstellung kommst du durch solche Krisen. Die Pandemie hat uns noch stärker gemacht.

Wenn es auch digital geht: Braucht es überhaupt noch Präsenzveranstaltungen?

Mike Wutta: Ich glaube, wir haben während Covid alle festgestellt, wie wichtig und unersetzlich der persönliche Kontakt bleibt. Menschen sind soziale Wesen, möchten zusammenkommen – denn im Austausch entstehen die besten Ideen und das Vertrauen für ein gemeinsames Geschäft. Klar ist aber auch: Wenn dir jemand Zeit schenkt, zu deinem Anlass zu kommen, ist das ein extrem hohes Gut und die Wertschöpfung hoch. Das war schon vor Corona mit Blick auf volle Terminkalender so, aber das hat sich danach noch mal verstärkt – weil es in der Tat auch digitale Alternativen gibt. Darum gilt: Qualität statt Quantität.

Und wohin entwickelt sich die Branche, welche Trends seht ihr?

Thomas Wenger: Wir glauben, dass sich der Markt weg von allgemeinen Messen und hin zu eigenen Formaten entwickelt, wo das jeweilige Unternehmen seinen Kunden ganz gezielt und nachhaltig ihre Botschaft, ihren Content mitgibt. Auch das Thema Künstliche Intelligenz (KI) wird noch mal einige Dinge deutlich verändern. Genauso gilt es, künftige Generationen im Blick zu haben – denn diese werden völlig andere Ansprüche an Veranstaltungen stellen.

Insbesondere Generation Z bewegt sich mehr denn je im virtuellen Raum. Welche Ideen habt ihr für das Kraftwerk – jetzt, wo das Thema Metaverse überall präsent ist?

Mike Wutta: Wir sind sehr neugierig und offen für Veränderungen. Während der Corona-Krise waren wir die Ersten in Deutschland, die ihr ganzes Gebäude in 3-D dargestellt haben. Du konntest dich im Kraftwerk mit Avataren im Raum bewegen, du konntest Events nachspielen. Das Kraftwerk quasi als kleines Metaverse. Ich glaube, das zeigt, wie wir neue Themen umarmen, vor allem wenn sie aus dem digitalen Bereich sind. Wir bleiben am Ball. Es wird aber auch hier immer um den Menschen gehen.

Neues auszuprobieren, auch wenn es schiefgehen kann, erfordert aber auch ganz schön Mut – vor allem wenn es um Millionen-Budgets geht, oder?

Thomas Wenger: Mut war, glaube ich, schon immer unser wichtigster Begleiter. Ob es jetzt darum geht, dass ein völlig neues Konzept für einen Großkunden nicht floppt oder darum, von einem auf den anderen Tag alles auf die Digital-Karte zu setzen. Mut hat es auch bedurft, als wir 1998 kommunizierten, dass wir das Kraftwerk zur Eventlocation entwickeln wollen. Viele gutmeinende Menschen haben uns gesagt, das sei unser Ruin. Aber im Gegenteil, es war der Turbo für unsere Agentur. Einer, der uns immer in unserem Handeln bestärkt hat, ist der Rottweiler Architekt Alfons Bürk. Ein Visionär, der die Entwicklung des Neckartals von der Industriebrache zum florierenden Gewerbepark wie kein anderer geprägt hat. Er war und ist für uns ein unverzichtbarer Mentor und Ratgeber.

Aber mal ehrlich: Hattet ihr insgeheim nicht auch Sorge, dass ihr euch übernehmt?

Thomas Wenger: Nein, denn wir sind zwar mutig, aber nicht extrem risikobereit. Wir denken und träumen groß, bleiben dabei aber realistisch. Es war immer unser Ziel, die Firma weiterzuentwickeln und nicht das Maximale rauszuholen. Das haben wir in kleinen Schritten getan – auch was das Kraftwerk angeht. Wir haben einen Raum nach dem anderen nutzbar gemacht, immer dann, wenn wir Geld hatten. Wachstum nur des Wachstums wegen war noch nie unser Ansporn. Wir brauchen keine Visitenkarte mit den Städten Berlin, New York und Singapur drauf. Wir wollen die Agentur nicht nur managen, sondern mittendrin sein. Ich glaube, diese schwäbische Bodenständigkeit gepaart mit Tatendrang, Neugierde, Zuverlässigkeit und Professionalität hat uns sehr geholfen.

Wenn es nicht Wachstum ist, was treibt euch dann an?

Mike Wutta: Ganz klar: Menschen begeistern. Unser Slogan heißt „Creating Unforgettable Moments" – es ist unsere Leidenschaft, dafür immer wieder kreative Ideen auszubrüten. Dabei wollen wir überraschend, neu, aber nicht überinszeniert sein. Wir waren noch nie eine Champagner- und Kaviar-Agentur. Es bringt nichts, wenn es Molekularküche gibt, die Gäste am Ende aber noch Hunger haben.

Im Rückblick: Welche Momente sind für euch persönlich unvergesslich?

Thomas Wenger: Oh, das ist schwierig, es gab so viele magische Augenblicke. Das 20. Bandjubiläum der Toten Hosen werde ich nie vergessen. Campino sagte damals, in großen Konzerthallen trete er für den Geldbeutel auf, im Kraftwerk fürs Herz. Sie haben sogar ein Foto aus unserem Kraftwerk für das Cover ihrer Jubiläums-CD gewählt.

Mike Wutta: Zu den Highlights gehört sicher auch die Umsetzung des Live-Marketing-Events der ZEISS Convention „The Future of Optics 2017" in Berlin. 2.000 Kunden aus 30 Ländern reisten an. Wir haben eigens eine Achterbahn aufgebaut, damit die Besucher während der Fahrt Virtual Reality erleben können. Das war phänomenal. Dafür haben wir in Cannes den „Heavent Award" verliehen bekommen, quasi den Oscar der Event-Branche. Es hat schon einige Tage gedauert, bis uns bewusst war, was wir da erreicht haben – schließlich haben wir die größten Agenturen und Konkurrenten wie Sony, Nissan und Twitter aus dem Rennen geschlagen.

Es ist sicher nicht so leicht, Events ständig neu zu denken. Woher holt ihr euch Inspiration?

Thomas Wenger: Wir nennen uns zwar trend factory, haben aber nicht den Anspruch, Trends zu setzen – aber sehr wohl, diese zu erkennen und direkt darauf zu reagieren. Bei jedem Restaurantbesuch, in jedem Club, auf jeder Reise haben wir die Antennen ausgefahren und saugen die neuesten Strömungen in Sachen Design, Food und Musik auf. Das macht uns Spaß. Und wir bekommen auch unglaublich viel Input von den Menschen, mit denen wir zusammenkommen. Im Laufe der Jahre sind so Freundschaften entstanden, die wir uns zu Beginn unserer beruflichen Karriere nie hätten vorstellen können.

Mike Wutta: Ich würde sagen: Wir beobachten die First-Mover und sind die Fast-Follower und orchestrieren dann alles perfekt und passgenau für unsere Projekte und Kunden.

Apropos eigene Projekte: Gerade erst habt ihr neben dem Kraftwerk ein neues Gebäude, das „Gewächshaus" eröffnet. Was ist eure Vision: Möchtet ihr im Neckartal ein ganzes Öko-Zentrum entstehen lassen?

Thomas Wenger: Wir gestalten schon seit vielen Jahren Immobilien im Neckartal. Wir möchten Gebäude schaffen, wo sich Kreativität und interessante Firmen weiterentwickeln können. Aber es ist natürlich auch eine Leidenschaft von uns, – ähnlich wie bei den Events – Räumlichkeiten zu schaffen, in denen man sich wohlfühlt, die anders sind als andere und die letztlich auch für uns bleibend sind.

Das Kraftwerk ist ein architektonisches Statement, das ihr einzigartig gestaltet habt. Schweben euch für die Marke „Kraftwerk“ noch andere Produkte vor, also Line-Extensions, für die ihr noch ganz andere Ideen entwickeln könntet?

Thomas Wenger: Über die Thematik denken wir viel nach. Wir sind aber auch so geduldig zu warten, bis etwas kommt, was wirklich passt – vielleicht wäre das eine weitere Location, wo wir unser Know-how, das wir hier im Kraftwerk aufgebaut haben, skalierend ausleben können. Und natürlich birgt auch die Marke „Kraftwerk“ an sich viel Power. Das eventtechnisch auszubauen, ist eine riesige Chance. In uns schlummert noch viel Neugier. Aber so wie wir zu Beginn keinen Business-Plan hatten, haben wir heute auch keine klassische Wachstumsstrategie, sondern nur eine Qualitätsstrategie. Und zum Glück ist das Kraftwerk so groß, dass wir nie das Gefühl haben, es ist jetzt fertig. Es ist und bleibt unsere Homebase, so wie Rottweil unser Schaffens- und Rückzugsort ist.

Zum Schluss: Könnt ihr in wenigen Worten sagen, was den Kern eures Unternehmens ausmacht?

Mike Wutta: Es klingt vielleicht banal, aber ein Satz, der uns über all die Jahre geprägt hat, ist: Geht nicht, gibt’s nicht. Wir würden uns wünschen, dass Menschen wieder mehr in Möglichkeiten denken, nicht nur in Problemen.

Thomas Wenger: Darum: einfach mal machen!

www.trendfactory.com

PIONIERGEIST

EIN ZIEMLICHES WAGNIS

TRANSFORMATION

Ruth van Doornik

Pioniergeist

Thomas Wenger und Mike Wutta wurden für verrückt erklärt, als sie erstmals über ihre Pläne für das 100 Jahre alte Kraftwerk der Pulverfabrik Rottweil sprachen. Inzwischen hat sich gezeigt: Es war wahrlich eine Wahnsinns-Idee. Ein Rückblick auf die Transformation des baufälligen Denkmals hin zu einer der besten Eventlocations Deutschlands.

Wenn die Gründer der trend factory über die Anfangszeit „ihres" Kraftwerks sprechen, huscht ihnen ein jungenhaftes Lachen übers Gesicht. Als könnten sie es selbst nicht fassen, was sie sich damals, in einem Mix aus Pioniergeist und Wagemut, getraut haben. Die Marketing- und Veranstaltungsagentur wuchs und mit der steigenden Schlagzahl der Aufträge wurde dem Duo klar: „Wir brauchen eine eigene Location, um uns zu differenzieren, aber auch um nicht ständig auf Raumsuche gehen zu müssen", erzählt Wutta.

Die Lösung des Problems? Das einstige Kohlekraftwerk im Rottweiler Neckartal. Eine imposante Ruine mit damals noch 90 Meter hohen Schornsteinen, aus deren Dach bereits die Bäume wuchsen. Über das abbruchreife Gebäude im Besitz der Rhodia Acetow GmbH hieß es um 1992 in einer TV-Dokumentation des SWR: „Niemand hat bislang den Mut und die Fantasie besessen, diese Räume wiederzubeleben. Das Gebäude steht unter Denkmalschutz, dennoch kann der Eigentümer zu einer Renovierung nicht gezwungen werden. Aber vermutlich würde das ja heute jeden finanziellen Rahmen sprengen."

Doch dann kamen die Gründer der trend factory – und getrauten sich genau das. „Auf einem Schild an einem Zaun rund um das Kraftwerk stand:

Betreten verboten. Lebensgefahr.

Da haben wir gesagt: Hier gehen wir rein", erinnert sich Wenger an den Tag Ende 1998. Mehr als 4.000 Quadratmeter wurden seither für Kongresse, Privatveranstaltungen, Partys sowie Events im B2B- und B2C-Bereich wieder nutzbar gemacht. Ohne Sponsoren. Step by Step. „Im ersten Jahr haben wir mit Freunden den Schutt herausgebracht und saßen im Winter im einzigen Raum mit halbwegs dichtem Dach auf Styroporplatten, weil es noch keine Heizung gab", sagt Wenger. Der einzige Kredit, den die beiden jemals aufnahmen, war dann auch der für eine Heizanlage. Der Banker habe gesagt: „Ihr bekommt das Geld, aber, bitte, ich will nicht das Kraftwerk als Sicherheit."

Wichtig war dem Duo, die Fassade samt Freitreppe des Industrie-Denkmals aus dem Jahr 1916 nicht zu verändern und den Ur-Charakter der Räumlichkeiten wie etwa den Turbinensaal, den Kohlebunker, den Aschekeller oder die Schaltzentrale zeitgemäß zu modernisieren, aber klar in ihrem Ursprung zu belassen.

Unvergessen: der Start mit kleinen Veranstaltungen 1998, die Milleniums-Silvesterparty zur Jahrtausendwende 1999 und der allererste Firmenevent. Bei der Feier einer Baufirma fiel gleich mal das Notstromaggregat aus und damit alle Reden ins Wasser. „Während wir versuchten, das Ding wieder ans Laufen zu bringen, haben wir drinnen eine mexikanische Mariachi-Band spielen lassen. Als wir zurückkamen, tanzten die Leute bei Kerzenlicht auf den Tischen." Improvisation gehört zum Business.

Seither ist viel passiert. 2016 gewann das Kraftwerk den Location Award und gilt seitdem als eine der besten Eventlocations mit Erlebnischarakter in Deutschland. 2017 folgte der German Brand Award in der Kategorie „Industry Excellence in Branding Trade Fairs & Event Locations". Auf den Partys der „trendys" tanzen regelmäßig bis zu 4.000 Menschen zu den Beats internationaler DJs. Und die Konzerte von Stars wie Anastacia, die Fantastischen Vier, die Toten Hosen, Jan Delay, Gianna Nannini, Peter Maffay oder den Ärzten ziehen Besucher aus ganz Süddeutschland an. Sogar während Corona war das Kraftwerk begehrt: als Kulisse für digitale Events, die in die ganze Welt gestreamt werden.

Längst ist die Location eine Institution – und befindet sich doch, genauso wie die Agentur dahinter, stets im Wandel. Angetrieben von Neugier sowie dem Wunsch, sich weiterzuentwickeln und Grenzen zu verlegen, entwickelt das Team neue Konzepte, und werden die Räume immer wieder umgebaut, ausgebaut, überarbeitet. „Das Kraftwerk ist unsere Lebensaufgabe und wird wohl nie fertig, sonst wären wir es ja auch", sagen die beiden. Und da ist es wieder, dieses schelmische Lächeln.

Dokumentationsstart vor dem Umbau 1998 – das Kesselhaus des Kraftwerks

Der Kolossaal heute mit 980 m² Fläche. Dieses Foto entstand 2016 beim Jubiläum „100 Jahre Kraftwerk – 20 Jahre trend factory".

1998 waren die Turbinen der Generatorenhalle bereits ausgebaut.

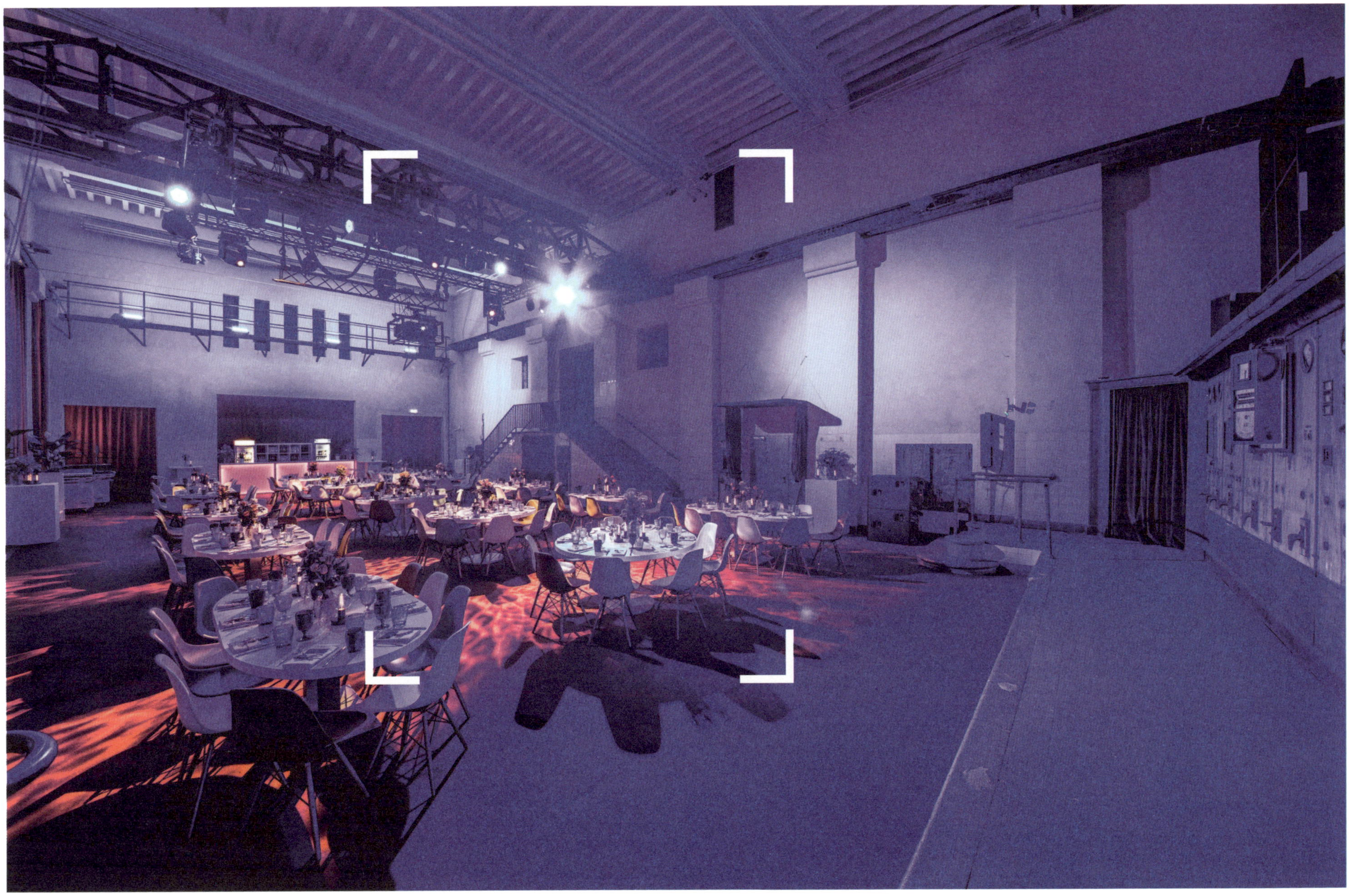

Auch heute herrscht im Turbinensaal ein energiegeladenes Ambiente.

Die ehemalige Schlosserei des Kohlekraftwerks

… sie wandelte sich zur Bar Eden.

Außenbereich vor der ehemaligen Schlosserei

Heute der Garten Eden

Blick vom Dach des Kraftwerks auf den dahinter liegenden Steinbruch

Seit 2020 bietet der Turmblick eine weitere Outdoor-Eventfläche.

EVENT HIGHLIGHTS

Kerzenschein im Kolossaal

Kolossaal beim 100-jährigen Jubiläum des Kraftwerks 2016

factory
factory

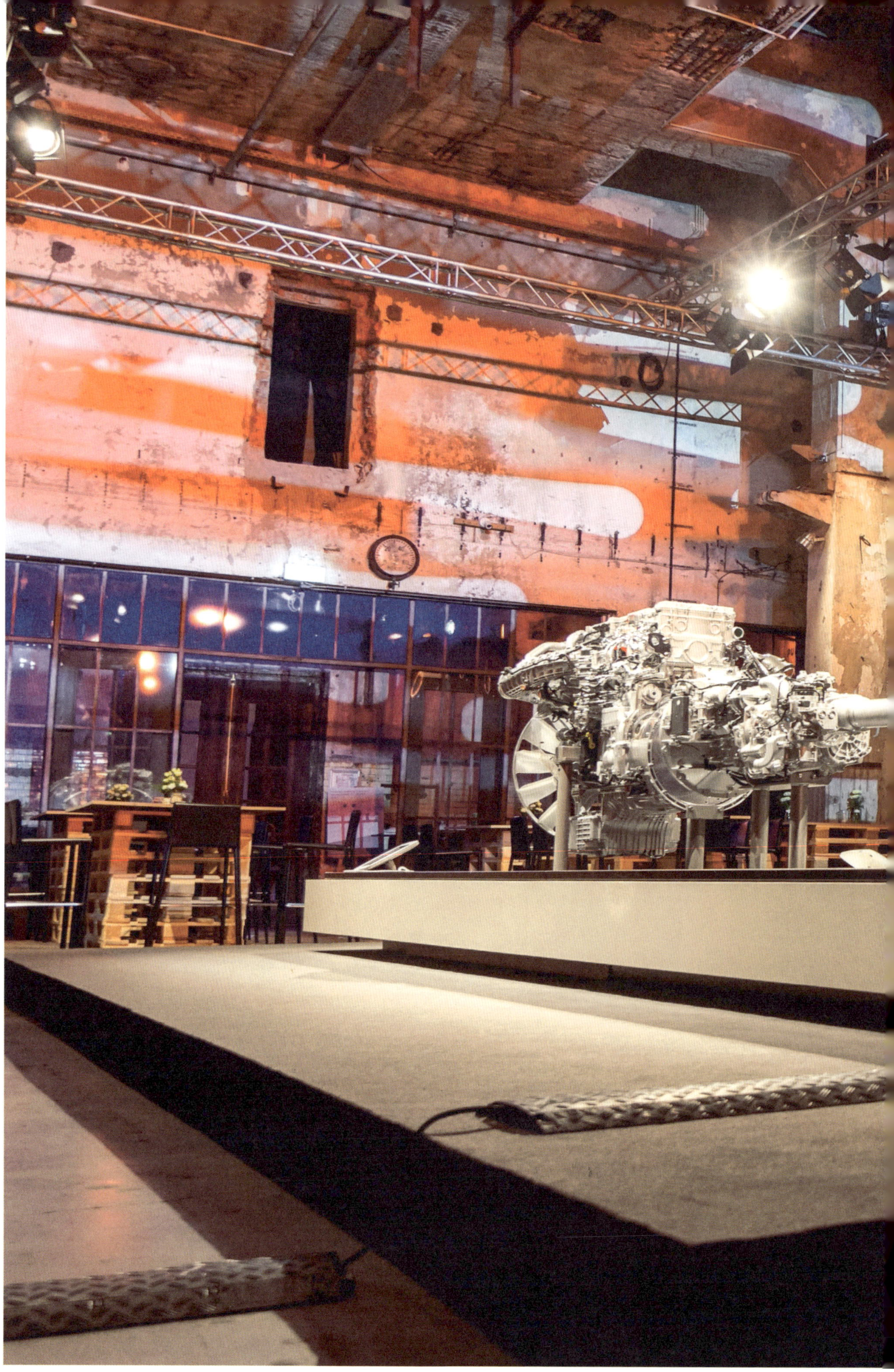

Hausmesse im Kolossaal

kraftwerk

Kolossales Ambiente im Kolossaal

Ausstellung im Aschekeller

Show-Act auf der Marmorwand im Turbinensaal

Gin Bar mit Tape-Art im Eden Loft

Hybride Veranstaltung, live gestreamt aus dem Kolossaal

Ausblick vom Turmblick

links:
Der Ostern Party-Klassiker „Eiertanz" - seit Jahren innerhalb von Minuten ausverkauft

rechts:
Jan Delay beim Ferienzauberkonzert 2023 im Kolossaal

mehr Event Highlights im Kraftwerk

WC

BIOGRAFIEN

Thomas Wenger

Wilde Frisuren und ein geblümter Mercedes-Krankenwagen als erstes Auto: Thomas Wenger fällt schon früh durch Originalität und Mut auf. Nach der Mittleren Reife an der Rottweiler Realschule schlägt er mit der Ausbildung zum Industriemechaniker beim Kolbenhersteller Mahle zunächst allerdings einen eher bodenständigen Weg ein. Als stellvertretender Gesamtbetriebsratsvorsitzender der Jugend von Mahle ist er in ganz Deutschland unterwegs und merkt schnell, dass nicht Maschinen, sondern Menschen ihn inspirieren.

Die Glückswende kommt mit Anfang zwanzig. Während seines Zivildienstes beim Rottweiler Kinder- und Jugendreferat trifft er Mike Wutta, seinen heutigen Businesspartner, und wird Leiter des Kulturzentrums MuM.
Der Einstieg in die Veranstaltungsbranche und Kulturszene ist gemacht.

Seit der Gründung im Jahr 1996 ist Thomas Wenger der kreative, verrückte Kopf der trend factory mit einem Faible für Architektur, Ambiente und Design. Event-Ideen mit Gänsehautfaktor im Team mit Kunden auszubrüten und in ganz Deutschland umzusetzen, ist seine absolute Leidenschaft. Und dieses Talent für Menschen und Momente wurde bereits mehrfach national und international ausgezeichnet.

Bis heute treibt das Duo, das sich durch unterschiedliche Blickwinkel ergänzt, die Lust auf Neues an. So erschließen Thomas Wenger und Mike Wutta neben dem Kraftwerk weitere Gebäude im Neckartal mit dem Ziel, Wirtschaft und Innovation zu fördern sowie ungewöhnliche Räume zu schaffen. Im Gewächshaus etwa können Existenzgründer, Kreative und Freiberufler florieren. Kraft- und Rückzugsort ist für Thomas Wenger stets sein Heimatort geblieben, wo der begeisterte Harley-Davidson- und Oldtimer-Fahrer seine Auszeiten zusammen mit Frau Sandra und den drei Kindern genießt.

Mike Wutta

Mike Wutta kommt aus einer Familie mit Unternehmer-DNA. Geboren wird er 1971 im Rottweiler Spital – quasi mit Blick auf die gegenüberliegende familieneigene Metzgerei. Von klein auf erlebt Mike Wutta so die Selbstständigkeit. Nach dem Besuch des örtlichen Leibniz-Gymnasiums ist der erste Schritt in den elterlichen Betrieb denn auch eine logische Folge. Erfolgreiche Ausbildungen im handwerklichen sowie im kaufmännischen Bereich bei einem Lebensmittelkonzern folgen. Daneben arbeitet er weiterhin im Familienunternehmen. Abschluss der beruflichen Bildung ist die prämierte Meisterprüfung. Doch die Lernkurve ist für Mike Wutta damit noch lange nicht zu Ende.

Eine Zäsur bildet der Zivildienst im Rottweiler Kinder- und Jugendreferat. Hier lernt Mike Wutta seinen heutigen Geschäftspartner und Freund Thomas Wenger kennen. Der Weg zurück in den ursprünglichen Broterwerb? Undenkbar. Noch während der Zivildienstzeit gründen die beiden die trend factory GbR, die innerhalb von zwölf Monaten zur trend factory GmbH umfirmiert. Seit Beginn agiert das Unternehmen als Full-Service-Agentur im Bereich Veranstaltungen und Live-Kommunikation.

Der Bezug und die Nutzung des Kraftwerks im Sommer 1998 stellt einen Meilenstein für die Gründer dar: beruflich und privat. Neben dem Aufbau der trend factory zu einer der führenden Eventagenturen in Deutschland entwickelt das Duo das Kraftwerk stets weiter. Einer der Höhepunkte stellt hierbei sicher die Auszeichnung des einst abbruchreifen Monuments zur innovativsten Eventlocation Deutschlands dar.

Mike Wutta bringt wirtschaftliches Wissen und strategisches Denken gepaart mit einer großen Portion Neugier mit. Im In- und Ausland lässt er sich inspirieren und reagiert daheim schnell auf neue Strömungen. Ausgleich und Ruhe findet er beim Sport, als Jugendtrainer und Zuschauer auf dem Fußballplatz und vor allem bei seiner fünfköpfigen Familie.

Ingrid Hertfelder

Nach einer künstlerischen Ausbildung in München, London, New York, Savannah, New Orleans und Los Angeles lebt und arbeitet die ursprünglich aus Schwäbisch Gmünd stammende Künstlerin heute in Stuttgart.

2004 begann sie ein Fotografiepraktikum am renommierten Jazz at Lincoln Center, New York City, als Meisterschülerin von Fotograf Frank Stewart (Cooper Union). 2005 erhielt sie ein Stipendium zum Studium der Fotografie beim Savannah College of Art and Design in Savannah, Georgia, das sie 2008 mit einem Bachelor of Fine Arts magna cum laude abschloss. Edward Weston, Georgia O'Keefe und Irving Penn zählt sie zu ihren stärksten künstlerischen Einflüssen.

Sie verbrachte insgesamt elf Jahre in den USA, wo sie neben ihren freien Projekten, Gruppen- und Soloausstellungen, vornehmlich als Portrait- und Werbefotografin in New York und Los Angeles tätig war. Seit ihrer Rückkehr aus den USA (2016) hat die Künstlerin vierzehn Ausstellungsprojekte und fünf Buchprojekte realisiert. Ihre Arbeiten sind in zahlreichen privaten und öffentlichen Sammlungen vertreten.

Im neu gegründeten Studio 23 entwickelt sie in Zusammenarbeit mit Ulrich Dietz verschiedene Formate im Rahmen von Kultur, Wirtschaft und Innovation, die sich mit der Frage „Wie kommt das Neue in die Welt?" auseinandersetzen.

Ulrich Dietz

Ulrich Dietz ist Co-Gründer und Vorsitzender des Verwaltungsrates von GFT Technologies SE. Er leitete das Unternehmen als CEO von 1987 bis 2017.
2011 initiierte er die globale Innovationsplattform CODE_n und entwickelte diese vom internationalen Start-up-Wettbewerb zu einem Ökosystem digitaler Vordenker.
2017 gründete er die auf digitale Geschäftsmodelle spezialisierte Beteiligungsgesellschaft RB Capital GmbH, deren geschäftsführender Gesellschafter er ist.
2020 übernahm Ulrich Dietz die Zukunftswerkstatt Lab1886 von Mercedes-Benz und hat aus dieser in der Zwischenzeit mehrere vielversprechende Unternehmen im Bereich Wasserstoff-Energiesysteme und Future Mobility entwickelt.

Ulrich Dietz absolvierte ein Studium der Fachrichtungen Maschinenbau und Product Engineering, das er 1984 als Diplom-Ingenieur abschloss. 2011 wurde Ulrich Dietz von EY als Entrepreneur des Jahres und 2017 mit dem Verdienstorden des Landes Baden-Württemberg ausgezeichnet.

Neben seiner Funktion als Vorsitzender des Verwaltungsrats von GFT Technologies SE nimmt Ulrich Dietz auch Gremientätigkeiten auf nationaler Ebene wahr. 2013 wurde er zum Vizepräsidenten des Bundesverbands Informationswirtschaft, Telekommunikation und Neue Medien e. V. (Bitkom) gewählt. Hier setzt er sich insbesondere für die Förderung und den Ausbau der internationalen Beziehungen in der deutschen IKT-Branche ein. Ulrich Dietz ist Mitglied im Lenkungskreis der Wissensfabrik – Unternehmen für Deutschland e. V. sowie Mitglied im Kuratorium der Stiftung Familienunternehmen. Ulrich Dietz hält regelmäßig Vorlesungen und Gastvorträge an deutschen Universitäten.

IMPRESSUM

Herausgeber
trend factory marketing und veranstaltungs GmbH
Thomas Wenger & Mike Wutta

Konzeption
Studio 23, Ingrid Hertfelder & Ulrich Dietz

Gestaltung
remède GbR, Florian Hägele

Texte
Dr. phil. Katharina Stolz
Ruth van Doornik

Fotografie
Ingrid Hertfelder

Fotos Historie und Pioniergeist
Bildarchiv der trend factory marketing und veranstaltungs GmbH
Fritz Rapp, Eric Wetzel, Florian Schmitt, Nicolas Burri, Tim Ehrenfried

Projektleitung & Kreativdirektion
Studio 23

Redaktion, Produktion & Lithografie
Studio 23

Lektorat
Lektor-hoch-drei GbR, Joachim Speidel

Druck
Wahl-Druck GmbH, Aalen

Verarbeitung
Buchbinderei Spinner GmbH, Ottersweier im Schwarzwald

Die Deutsche Nationalbibliothek verzeichnet diese Publikation in der Deutschen Nationalbibliografie; detaillierte bibliografische Daten sind im Internet über http://dnb.dnb.de abrufbar. | This publication is listed in the German National Bibliography by the German National Library. Detailed bibliographic data are available at http://dnb.d-nb.de.

Vertrieb und Marketing
DCV
sales@dcv-books.com

ISBN 978-3-96912-181-8
Printed in Germany

Erschienen bei
www.dcv-books.com

DCV

Quellen

1 Michael Goer: Zur Industriearchitektur der Rottweiler Pulverfabrik, in: Zeitschrift für Württembergische Landesgeschichte 75 (2016), S. 197–202, hier: S. 198.

2 Bernhard Laule: Die ehemalige Pulverfabrik Rottweil am Neckar, in: Denkmalpflege, Jg. 13, Nr. 4 (1984), S. 124–133, hier: S. 124.

3 Vgl. hierzu allgemein: Winfried Hecht: Pulver aus der Reichsstadt Rottweil, Kleine Schriften des Stadtarchivs Rottweil, Band 4, Rottweil 1977.

4 Wolfgang Kilger: Industriebetriebslehre, Band 1, Wiesbaden 1986, S. 10–11. Sowie: Dieter Ziegler: Die industrielle Revolution, Darmstadt 2009, S. 1.

5 Bernhard Laule: Die ehemalige Pulverfabrik Rottweil am Neckar, in: Denkmalpflege, Jg. 13, Nr. 4 (1984), S. 124–133, hier: S. 124.

6 Paul Gehring: Duttenhofer, Max von, in: Neue Deutsche Biographie 4 (1959), S. 206–207, hier: S. 206.

7 Ebd.

8 Ebd.

9 Jörg Kraus: Max Duttenhofer (1843–1903) und die Anfänge der Rüstungsindustrie im deutschen Südwesten, in: Zeitschrift für Württembergische Landesgeschichte 75 (2016), S. 203–221, hier: S. 205–206.

10 Ebd., S. 203.

11 Ebd, S. 205–206.

12 Paul Gehring: Duttenhofer, Max von, in: Neue Deutsche Biographie 4 (1959), S. 206–207, hier: S. 207. Sowie: Bernhard Laule: Die ehemalige Pulverfabrik Rottweil am Neckar, in: Denkmalpflege, Jg. 13, Nr. 4 (1984), S. 124–133, hier: S. 125.

13 Ebd., S. 125.

14 Jörg Kraus: Max Duttenhofer (1843–1903) und die Anfänge der Rüstungsindustrie im deutschen Südwesten, in: Zeitschrift für Württembergische Landesgeschichte 75 (2016), S. 203–221, hier: S. 218. Sowie: Hermann Klos: Am Anfang stand das Pulver – Zur einzigartigen Geschichte des historischen Industrieareals „Neckartal" bei Rottweil, in: Schwäbische Heimat 2009/2, S. 195–207, hier: S. 200.

15 Jörg Kraus: Max Duttenhofer (1843–1903) und die Anfänge der Rüstungsindustrie im deutschen Südwesten, in: Zeitschrift für Württembergische Landesgeschichte 75 (2016), S. 203–221, hier: S. 212.

16 Zitiert nach: Willi A. Boelcke, Millionäre in Württemberg. Herkunft – Aufstieg – Traditionen. Stuttgart 1997, S. 30.

17 Jörg Kraus: Max Duttenhofer (1843–1903) und die Anfänge der Rüstungsindustrie im deutschen Südwesten, in: Zeitschrift für Württembergische Landesgeschichte 75 (2016), S. 203–221, hier: S. 213–214. Bernhard Laule spricht dagegen von dem Neffen Dr. Max Duttenhofer: vgl. Bernhard Laule: Die ehemalige Pulverfabrik Rottweil am Neckar, in: Denkmalpflege, Jg. 13, Nr. 4 (1984), S. 124–133, hier: S. 125.

18 Beatrice Härig: Im Tal. 1914. Heute. Das neue Leben der Pulverfabrik im Rottweiler Neckartal, in: Monumente, Jg. 24, Nr. 2 (2014). S. 68–72, hier: S. 68.

19 Kerstin Renz: Wissen schafft Wertschätzung. Industriepfad führt Besucher durch die ehemalige Pulverfabrik Rottweil, in: Denkmalpflege Baden-Württemberg 3/2009, S. 147–152, hier: S. 147.

20 Stefan King, Viola Lampert-Grohe und Sebastian Tesch: 2. Kraftwerk, in: Stefan King und Hermann Klos (Hrsg.): Industriekultur im Neckartal Rottweil. Vom Pulver über Nylon zur gewerblichen Vielfalt. Rottweil 2016. S. 94–98, hier: S. 96. Hier heißt es, dass 2005 die Schornsteine um etwa ein Sechstel ihrer Gesamthöhe gekürzt werden mussten.

21 Ebd.

22 Bernhard Laule: Die ehemalige Pulverfabrik Rottweil am Neckar, in: Denkmalpflege, Jg. 13, Nr. 4 (1984), S. 124–133, hier: S. 130.

23 Marc Hirschfell: Der Bahnhof von Bagdad: Orientalismen am Stuttgarter Hauptbahnhof, in: Roland May und Wolfgang Voigt (Hrsg.): Paul Bonatz 1877–1956, Tübingen/Berlin 2010. S. 63–68, hier: S. 64.

24 Ebd., S. 64 und 278, Anm. 6.

25 Wolfgang Voigt: Italien, Ägypten, Babylon. Reisen und ihre Folgen bei Paul Bonatz und Dominikus Böhm, in: Kai Kappel und Erik Wegerhoff (Hrsg.): Blickwendungen. Architektenreisen nach Italien in Moderne und Gegenwart. München 2019, S. 147–170, hier: S. 156.

26 Marc Hirschfell: Der Bahnhof von Bagdad: Orientalismen am Stuttgarter Hauptbahnhof, in: Roland May und Wolfgang Voigt (Hrsg.): Paul Bonatz 1877–1956, Tübingen/Berlin 2010. S. 63–68, hier: S. 64.

27 Wolfgang Voigt: Italien, Ägypten, Babylon. Reisen und ihre Folgen bei Paul Bonatz und Dominikus Böhm, in: Kai Kappel und Erik Wegerhoff (Hrsg.): Blickwendungen. Architektenreisen nach Italien in Moderne und Gegenwart. München 2019, S. 147–170, hier: S. 154. Sowie zu den Fenstern: Marc Hirschfell: Der Bahnhof von Bagdad: Orientalismen am Stuttgarter Hauptbahnhof, in: Roland May und Wolfgang Voigt (Hrsg.): Paul Bonatz 1877–1956, Tübingen/Berlin 2010. S. 63–68, hier: S. 178, Anm. 9.

28 Kerstin Renz: Philipp Jakob Manz (1861–1936). Industriearchitektur und Unternehmer, Stuttgart 2003, S. 114.

29 Stefan King, Viola Lampert-Grohe und Sebastian Tesch: 2. Kraftwerk, in: Stefan King und Hermann Klos (Hrsg.): Industriekultur im Neckartal Rottweil. Vom Pulver über Nylon zur gewerblichen Vielfalt. Rottweil, 2016. S. 94–98, hier: S. 96.

30 Michael Goer: Zur Industriearchitektur der Rottweiler Pulverfabrik, in: Zeitschrift für Württembergische Landesgeschichte 75 (2016), S. 197–202, hier: S. 202.

31 Bernhard Laule: Die Rahmenplanungen zum Gewerbepark Neckartal, Die ehemalige Pulverfabrik bei Rottweil, in: Denkmalpflege Baden-Württemberg. Nachrichtenblatt des Landesdenkmalamtes, Jg. 27, Nr. 2 (1998), Seite 56–60, hier: S. 56.

32 Kerstin Renz: Wissen schafft Wertschätzung. Industriepfad führt Besucher durch die ehemalige Pulverfabrik Rottweil, in: Denkmalpflege Baden-Württemberg 3/2009, S. 147–152, hier: S. 147.

33 Stefan King, Viola Lampert-Grohe und Sebastian Tesch: Die Fabrik im Ersten Weltkrieg, in: Stefan King und Hermann Klos (Hrsg.): Industriekultur im Neckartal Rottweil. Vom Pulver über Nylon zur gewerblichen Vielfalt. Rottweil 2012. S. 66–67, hier: S. 66.

34 Beatrice Härig: Im Tal. 1914. Heute. Das neue Leben der Pulverfabrik im Rottweiler Neckartal, in: Monumente, Jg. 24, Nr. 2 (2014). S. 68–72, hier: S. 68.

35 Bernhard Laule: Die Rahmenplanungen zum Gewerbepark Neckartal, Die ehemalige Pulverfabrik bei Rottweil, in: Denkmalpflege Baden-Württemberg. Nachrichtenblatt des Landesdenkmalamtes, Jg. 27, Nr. 2 (1998), Seite 56–60, hier: S. 56.

36 Bernhard Laule:Die ehemalige Pulverfabrik Rottweil am Neckar, in: Denkmalpflege, Jg. 13, Nr. 4 (1984), S. 124–133, hier: S. 124.

37 Bernhard Laule: Die Rahmenplanungen zum Gewerbepark Neckartal, Die ehemalige Pulverfabrik bei Rottweil, in: Denkmalpflege Baden-Württemberg. Nachrichtenblatt des Landesdenkmalamtes, Jg. 27, Nr. 2 (1998), Seite 56–60, hier: S. 56.